Achtsam

Dein Selbstfürsorgekalender

24 Tage achtsam und stressfrei
die Adventszeit genießen

Impressum

1. Auflage 2023

Copyright 2023 Anja Stölzel
Layout: Anja Stölzel, Coaching & Beratung
www.anjastoelzel.de

Anja Stölzel
Malteserstr. 178, 12277 Berlin
E-Mail: dufuerdich@anjastoelzel.de
Website: https://www.anjastoelzel.de

Alle Rechte vorbehalten.
Druck: Independently published
Amazon Media EU S.à r.l., Société à responsabilité
limitée, 38 avenue John F. Kennedy, L-1855 Luxemburg

ISBN: 9798866844159

Bibliografische Informationen der Deutschen
Nationalbibliothek

Die Deutsche Nationalbibliothek verzeichnet diese
Publikation in der Deutschen Nationalbibliografie;
detaillierte bibliografische Daten sind im Internet
über http://dnb.d-nb.de abrufbar.

Achtsam im Advent

Dein Selbstfürsorge-Adventskalender

24 Tage achtsam und stressfrei
die Adventszeit genießen

Anja Stölzel

INHALTSVERZEICHNIS

Advent

Zeit der Ruhe und Achtsamkeit

Gerade in der Adventszeit ist es in unserer schnelllebigen Zeit häufig alles andere als besinnlich und ruhig. Überall herrscht Hektik und Trubel. Wir wollen alles schön haben und nehmen uns viel zu viel vor. Tausend Dinge, die wir bis Weihnachten und bis zum Jahresende „noch schnell" schaffen wollen. Wir haben hohe Erwartungen an die wohl schönste Zeit im Jahr. Alles soll perfekt sein. Doch muss es das wirklich? Liegt nicht in der Einfachheit und im Moment das ganze Glück?

Wir wünschen uns Besinnlichkeit, harmonische Stunden mit der Familie, Lichterzauber und Fröhlichkeit. Die Realität sieht leider sehr oft anders aus. Wir erleben Weihnachtsstress statt Weihnachtsfreuden.

Wir versuchen in der Weihnachtszeit, in die 24 Stunden die der Tag hat, zusätzlich zu den alltäglichen Aufgaben, noch alle anderen Aktivitäten, die wir mit Weihnachten verbinden, unterzubekommen. Also Freunde und Familie treffen, backen, schmücken, basteln mit den Kindern, Weihnachtsmärkte besuchen, Weihnachtsgeschenke organisieren, die letzten Business-Projekte im Jahr starten oder zu Ende bringen. Das ist viel zu viel und innerhalb dieser kurzen Zeitspanne schon rein logisch gedacht gar nicht möglich. Die Tage in der Adventszeit gehen schneller vorbei als alle anderen im Jahr. Wir fühlen uns gestresst, vielleicht sogar gereizt und von Harmonie und Entspannung ist keine Spur. Vor lauter Plänen und Terminen kommen wir kaum zum Atmen.

Mit Achtsamkeit kannst du dir deine besonderen Weihnachtsmomente erschaffen und Stress mit Gelassenheit begegnen. Achtsam zu sein heißt, im Moment zu sein – nicht in der Vergangenheit und nicht in der Zukunft. Alles was zählt ist der gegenwärtige Augenblick.

Zum Genießen dieser Augenblicke darfst du Sachen weglassen. Weniger ist mehr! Um nun also die Weihnachtsfreuden so erleben zu können, wie du es dir wünschst, darfst du einen Schritt zurücktreten und langsamer machen.

Setze Dir Prioritäten. Mach wirklich nur das, was Dir wichtig ist und was dich erfüllt. Mache nichts, nur weil es eben zu Weihnachten dazugehört.

Auch unsere Erwartungen bezüglich der Weihnachtszeit spielen eine wichtige Rolle. Haben wir nämlich zu große Erwartungen an die Adventszeit, erzeugen wir Stress in uns. Hier darfst du dich von deinen Erwartungen befreien. Überlege dir stattdessen, wofür du dankbar bist. Was sind die wahren Weihnachtsfreuden?

Du bist der Gestalter deines Lebens. Du kannst dir die schönsten Momente kreieren und den Stress aussperren.

Nimm dir mit diesem Adventskalender-Buch bewusst Zeit für dich – Zeit zum Auftanken, zum Entspannen und für achtsame Momente. Komme an im Hier & Jetzt und genieße bewusst den Zauber der Weihnachtszeit.

Was ist Achtsamkeit

Ist Achtsamkeit gleich Aufmerksamkeit oder ist da noch mehr?

In erster Linie ist Achtsamkeit ganz gezielte Aufmerksamkeit. Über dies hinaus ist sie jedoch noch viel mehr.

Achtsamkeit steht für Offenheit, Neugierde und Akzeptanz. Offen zu sein für das Leben, für das was passiert oder auch nicht passiert. Es bedeutet offen zu sein für Neues: Dinge mit Neugier zu betrachten und immer wieder neugierig zu entdecken.

Es ist das Sein im Hier & Jetzt, im gegenwärtigen Augenblick – zu jeder Zeit präsent.

Darüber hinaus ist Achtsamkeit eine Lebenshaltung. Indem du Eigenverantwortung übernimmst, wirst du der Schöpfer deines Lebens. Du bist nicht länger „Opfer", sondern gestaltest dir dein Leben nach deinen Bedürfnissen und Vorstellungen.

Mit Achtsamkeit bringst du deinen Körper und Geist in Harmonie, während du etwas tust. Du bist verbunden mit dir.

Achtsamkeit bedeutet du kannst Gefühle annehmen und aushalten. Und du bist frei von Bewertungen. Du nimmst wahr, aber urteilst nicht ob das was du wahrnimmst „gut" oder „schlecht" ist.

Thich Nhat Hanh, ein Pionier und Wegbereiter der Achtsamkeit, sagt über diese:

„Achtsamkeit ist die Energie des Gewahrseins und des Aufwachens zum gegenwärtigen Augenblick. Es ist die kontinuierliche Praxis, das Leben tief zu berühren in jedem Moment unseres Alltagslebens. Achtsam zu sein bedeutet, wirklich lebendig zu sein, wirklich präsent und eins zu sein mit denen, die um Dich herum sind und mit dem, was Du tust. Wir bringen unseren Körper und Geist in Harmonie während wir das Geschirr waschen, ein Auto fahren oder unsere Morgendusche nehmen."

Achtsamkeit ist wie ein Muskel, den du trainieren kannst. Dafür ist eine kontinuierliche Praxis wichtig. Tägliche körperliche & geistige Übungen führen zu (mehr) Gesundheit, Freude und Gelassenheit in deinem Leben.

Nun lass ich dich aber nicht länger warten. Beginne deine Reise in 24 wundervolle Tage voller Achtsamkeit und kleinen & großen Weihnachtsfreuden.

Ich gestalte mir
eine achtsame und entspannte
Weihnachtszeit!

1.

Mache dir eine
Weihnachts-Selfcare-Liste

Sicher hast du schon unzählige Listen mit zu erledigenden Aufgaben und Verpflichtungen geführt. Doch geht es hier nicht darum, deine Liste für alle Weihnachts-To-dos zu schreiben, sondern dir eine Übersicht zu machen, über all die Dinge, die dir in der Weihnachtszeit gut tun.

Was kannst du dir Gutes tun? Wie kannst du dir Hygge in dein Leben holen, also dir eine gemütliche und angenehme Atmosphäre schaffen? Wie kannst du dir achtsame Momente erschaffen?

Schreibe es dir auf, mache eine Liste oder male ein Bild. Auch eine Fotocollage ist möglich – ein Visionboard für deine Weihnachtszeit.

Ich bin
achtsam
mit meinen
Gedanken & Gefühlen.

2.

Achtsamer Atem

Bewusstes Atmen verleiht dir Energie und ein wunderbares Gefühl.

Eigentlich sollte ein entspannter Atem Routine sein. Aber allzu oft sind wir angespannt und atmen nur oberflächlich in die Brust. Dabei ist unser Atem eine unserer stärksten Kraftquellen.

Nimm dir eine Minute Zeit und atme ganz bewusst durch. Wenn du magst, kannst du dabei die Augen schließen. Achte auf deinen Atem, wie er durch die Nase ein- und ausströmt. Wenn Gedanken kommen, lasse sie vorbeiziehen und lenke deinen Fokus wieder auf deinen Atem.

Mach die Übung ruhig mehrmals täglich und lade so deine Batterien auf.

Ich bin
pure Energie.

3.

DROP THE THOUGHT!

Lasse jeglichen Gedanken los
und komme ins Sein.

Ich lasse los
was mich schwächt.

4.

Mache dir einen
GEWÜRZKAKAO

Achtsam einen leckeren Kakao genießen - Schluck für Schluck. Mach es dir mit einer Tasse Gewürzkakao gemütlich und entspanne. Nimm jeden Schluck bewusst wahr – das Gefühl im Mund, den Geschmack, den Geruch.

- 1 Tasse Pflanzendrink
- 2-3 TL Rohkakao
- 1-2 TL Rohrohrzucker oder Kokosblütenzuck.
- 1/2 TL Zimt
- 1 Msp. Kardamom
- 1 Msp. Vanille
- 1 Prise Salz

Probiere auch gern weitere Gewürze wie Anis oder Ingwer aus und finde deine ganz persönliche Lieblingsmischung.

Ich bin
unendlich dankbar.

5.

Erst MEDITIEREN,
dann Dinge erledigen!

Oft wollen wir noch diese oder jene Aufgabe oder Arbeit erledigen, bevor wir uns eine Pause gönnen.

Mach es heute andersrum!

Dann kann es dir auch nicht passieren, dass für die Pause doch keine Zeit mehr ist.

Wie wäre es heute mit einer Meditation in deiner Pause?

Vielleicht magst du ja mit mir zusammen meditieren. Auf der Bonusseite zum Buch findest du eine Meditation.

Ich bin
der Schöpfer
meines Lebens.

6.

Kreative Achtsamkeit

Ausmalen bringt dich voll und ganz in den gegenwärtigen Moment, beruhigt den Geist und entspannt.

Auf der Bonusseite zum Buch findest du Bilder zum Ausmalen.

*Ich bin
in meiner Mitte.*

7.

Weihnachtliche Bliss Balls

Hmmm... schnell ist eine Süßigkeit nach der nächsten im Mund verschwunden und du hast noch nicht mal so recht gemerkt wie es denn geschmeckt hat.

Nimm dir doch einmal Zeit und mache dir eine gesunde Nascherei selbst. Mache jeden Handgriff achtsam. Rieche, schmecke, fühle!

Weihnachtliche Bliss Balls:
- 100g entsteinte Datteln (eingeweicht)
- 60 g gemahlene Mandeln
- 30 g Haferflocken
- 1 EL Rohkakaopulver
- 1 TL Lebkuchengewürz
- 1 Prise Salz
- Abrieb einer 1/2 Orange

Weihnachtliche Bliss Balls

Zubereitung:

Vermische die Zutaten (samt Einweichwasser der Datteln) im Mixer. Ist die Masse noch zu fest, füge etwas Wasser hinzu. Forme kleine Bällchen. Diese kannst du im Anschluss nach Belieben noch in Kakao, Zimt oder gehackten Mandeln wälzen.

Achtsames Naschen:

Probiere ein Energiebällchen! Wie schmeckt es? Lass es eine Weile im Mund. Was schmeckst du besonders heraus? Wie fühlt es sich an im Mund?

8.

Mache einen Spaziergang und
schau dir die beleuchteten
Straßen und Fenster an.

Sei du das Licht,
das andere zum Strahlen bringt.

9.

"WER NICHT GENIESST, WIRD UNGENIESSBAR!"

Genuss braucht Zeit und ist nichts, was man nebenbei machen kann. Genuss erfordert deine ganze Aufmerksamkeit.

Dabei kannst du nicht nur besondere Dinge genießen, sondern auch ganz kleine alltägliche Sachen und Situationen.

Genuss bedeutet auch mal loszulassen, z. B. von selbst geschaffenen Regeln.

Mit Genuss ist es dir möglich zu entschleunigen und dem Alltagsstress zu entfliehen.

Genieße jeden Tag, jede Stunde, jede Minute! Genieße jeden Augenblick!

*Ich bin
erfüllt.*

10.

Selbstgemachte Geschenke,
statt Shoppingstress!

Der ganze Konsum an Weihnachten kann jede Menge Stress verursachen. Mit selbstgemachten Weihnachtsgeschenken umgehst du den Einkaufsstress und das Selbermachen wirkt auch noch entspannend, macht stolz und bringt Spaß.

Wie wäre es also mit einem selbstgemachten Geschenk? Wie z. B. :

- Gewürzmischung
- Plätzchen
- Teemischung
- Ghee
- Porridge Mischung
- eine Kerze
- Badesalz
- uvm.

Ich tausche
Erwartungen
gegen
Dankbarkeit.

11.

Zu viel Stress?!
Hole das aufsteigende Yang
auf die Erde zurück.

Nimm eine aufrechte Haltung im Sitzen oder Stehen ein.

Beide Füße stehen auf dem Boden. Atme über die Füße, die Beine, Knie, Hüfte und Becken bis in den Bauch. Von da aus atmest du wieder vom Bauch über die Beine und die Füße aus. Gib verbrauchte Energie zurück an die Erde.

Wiederhole dies einige Male.

Ich nehme mir Zeit
für mich und
meine Bedürfnisse.

12.

Je entspannter und erholter
ich bin, desto erfolgreicher und
erfüllter werde ich sein.

Achtsamkeit ist nicht automatisch Entspannung. Jedoch kann der achtsame Zustand zu Entspannung führen. Das bewusste Sein im gegenwärtigen Moment, lässt dich zur Ruhe kommen und stoppt das endlose Gedankenkreisen. Durch Achtsamkeit bist du entspannt und gleichzeitig klar und fokussiert.

Mit Klarheit, Fokus und der entsprechenden Energie kannst du dir dein Wohlbefinden erschaffen und Erfolge erreichen.

Komme an, in diesem Moment. Stelle dich aufrecht hin und spüre beide Füße auf dem Boden. Nimm einen tiefen Atemzug und verbinde dich mit dem Boden unter dir. Nimm wahr wie du stehst. Fühlst Du Dich gut geerdet?

Achtsamkeit ist Selbstfürsorge.

Lebkuchen-Porridge

Du brauchst für eine Portion:

- 40g Haferflocken
- Mandelmilch und Wasser
- 1 Medjool-Dattel
- 1 EL Leinsamen, geschrotet
- 1 TL Lebkuchengewürz
- 1 Prise Vanille

optional für noch mehr Süße eine weitere Dattel oder 1/2 Banane hinzufügen.

Alle Zutaten zusammen in einen Topf geben, kurz aufkochen und 5-10 Minuten ziehen lassen.

Nimm deinen Porridge achtsam zu dir und genieße Löffel für Löffel!

Positive Energie ist ansteckend!

14.

Innehalten

Stelle oder setze dich aufrecht hin. Wenn du magst, schließe für einen Moment die Augen. Lege deine Hände auf dein Herz und halte für einen Moment inne. Spüre in dich hinein.

Wie geht es dir in genau diesem Moment? Was brauchst du gerade? Was ist dein wirkliches Bedürfnis? Will dir dein Körper vielleicht etwas sagen?

Öffne anschließend deine Augen und dann geh los für dein Bedürfnis und erfülle es.

Meine kleine Audio-Aufnahme kann dich beim Spüren und Innehalten unterstützen. Du findest sie auf der Bonusseite zum Buch.

Ich lasse es mir
gut gehen!

15.

LEBE DEN MOMENT!

Ein Zen-Schüler fragt seinen Meister: „Was unterscheidet den Zen-Meister von einem Zen-Schüler?" Der Zen-Meister antwortet: „Wenn ich gehe, dann gehe ich. Wenn ich esse, dann esse ich. Wenn ich schlafe, dann schlafe ich."

„Wieso? Das mache ich doch auch."

Der Zen-Meister antwortet: „Wenn du gehst, denkst du ans Essen und wenn du isst, dann denkst du ans Schlafen. Wenn du schlafen sollst, denkst du an alles Mögliche. Das ist der Unterschied.

Genau darum geht es, wenn es heißt, im Moment zu leben – im Hier und Jetzt. Es bedeutet mit Körper und Geist bei der Sache zu sein, die man gerade tut und das den ganzen Tag über.

Ich erfreue mich
an den kleinen Momenten
im Leben.

16.

Mit Routinen erschaffen wir unser Leben. Wiederhole was dir guttut!

Erinnerst du dich an die Selfcare-Liste vom ersten Tag? Wiederhole eine Sache, die dir guttut.

Routinen beschreiben eine konstante, regelmäßige und immer gleiche Ausführung einer bestimmten Tätigkeit. Dabei geben sie uns Struktur, Sicherheit und Stabilität. Sie können Stress reduzieren, indem sie uns erden und stützen. Das was wir regelmäßig tun, erschafft unseren Alltag und damit unser Leben.

Wenn du also mehr Zeit für dich möchtest, gesünder oder achtsamer leben möchtest, dann wiederhole täglich Dinge, die dich in deiner Gesundheit und deiner Freude stärken. Was wird es bei dir sein?

*Ich bin
wundervoll
wertvoll
und wichtig!*

17.

Nimm dir eine Auszeit vom Weihnachts- und Freizeitstress.

Eigentlich solltest du ja gar keinen Weihnachtsstress haben. Darum geht es ja in diesem Adventsbuch. Keine Tausend To-dos, keine tausend Termine und Verabredungen. Falls es dir jedoch noch nicht so gut gelingt, dann ist heute definitiv Zeit, aus dem Weihnachts- und Freizeitstress auszusteigen. Heute bist nur DU dran!

Nimm dir deine Selfcare-Liste zur Hand und mache eine Sache für dich allein. Es ist deine Verabredung mit dir.

Schön, dass es dich gibt!

18.

Selbstgemachte Schokolade

Und noch mal achtsam naschen...weil es so guttut! :)

Für deine selbstgemachte Schokolade brauchst du:

- 100g Kakaobutter
- 60g Rohkakaopulver
- 3 EL Ahornsirup
- eine Prise Salz
- eine Prise Kardamom

Optional: gehackte Nüsse oder Trockenfrüchte untermischen. Zur Stressreduktion kannst du deiner Schokolade auch noch Ashwaganda oder Reishi Pulver untermischen.

Und so machst du sie:

Schmelze die Kakaobutter im Wasserbad und füge alle weiteren Zutaten hinzu. Gieße sie anschließend in eine Silikonform für Pralinen/Schokolade.

Für mehr Glanz die fertige Schokolade mit Kokosöl einpinseln.

Die Schokolade ist auch ein schönes Weihnachtsgeschenk für deine Liebsten.

19.

Was braucht es heute,
damit du in Leichtigkeit
und mit Freude
durch den Tag gehen kannst?

Ich bin
gelassen und
fühle mich leicht.

20.

Gesunde Mitte
durch gesunden Schlaf.

Ein guter erholsamer Schlaf ist essentiell für unsere Gesundheit und unser Wohlbefinden. Haben wir zu wenig oder schlecht geschlafen, fühlen wir uns schnell erschöpft und gereizt und oft einfach nicht wohl in unserer Haut.

Der gesündeste Schlaf ist der vor 24 Uhr. Im Ayurveda sagt man sogar vor 22 Uhr, da du dann noch mit der erdenen Kapha-Qualität schlafen gehst. Guter Schlaf stärkt dein Immunsystem, verbessert deinen Stoffwechsel und hilft bei der Verarbeitung von Informationen und Emotionen. Auf diese Weise bringt er dich in deine Mitte, sprich in dein inneres Gleichgewicht.

In der Regel dauert ein gesunder Schlaf 7-9 Stunden.

Eine Fußmassage, die deinen Geist am Abend zur Ruhe bringt und einen erholsamen Schlaf unterstützt, findest du auf der Bonusseite zum Buch.

21

Einladung zur Teestunde
mit Chai-Tee

Jetzt wo es draußen kalt ist, solltest du für ausreichend Wärme im Innen und Außen sorgen. Ein Chai-Tee oder Gewürztee wärmt dich ordentlich von innen.

Hier ist ein Rezept für einen Chai-Tee:

- 2 Kardamomkapseln
- 2 Gewürznelken
- 2 Pfefferkörner
- 1 TL Zimtrinde
- 1 Sternanis
- ¼ TL Fenchelsamen
- 1 kleines Stück frischer Ingwer

Alle Gewürze mit 300 ml Wasser aufkochen und 10 Minuten ziehen lassen.

Ich genieße
den Zauber
des Augenblicks.

22.

Unterstütze dein Verdauungsfeuer!

Achtsamkeit hat auch immer etwas mit Körpergefühl zu tun. Wie geht es dir mit all den weihnachtlichen Schlemmereien? Drückt der Bauch manchmal? Da lässt sich etwas machen, damit du dich schnell besser fühlst.

Nutze Ingwer als Verdauungsbooster.

Besonders vor schwerem oder spätem Essen hilft Ingwer deine Verdauung anzukurbeln. Reibe etwas Ingwer, mische einen Spritzer Zitronensaft dazu und eine Prise Salz.

Nimm dies als "Aperitif" ca. 30 Minuten vor dem Essen ein.

Hast du nun ein wohliges Bauchgefühl?

Du bist die Quelle
deiner Fülle.

23.

Eine
Weihnachtsgeschichte
lesen

Let there be magic!

Wann hast du das letzte Mal eine
Weihnachtsgeschichte geschaut oder gelesen?
Tauche ein in die wundervollen Geschichten
rund um Weihnachten. Mach es wie die Kleinen -
Staune, träume und genieße!

"Der Zauber steckt immer im Detail."

Theodor Fontane

24.

Und das vierte Lichtlein brennt...

Beaobachte doch mal die Flamme einer Kerze.
Was siehst du? Was spürst du?
Eine Flamme strahlt sehr viel Ruhe und Kraft aus.

Genieße den Blick in die Kerzen
und habe eine schöne Zeit mit deinen Liebsten!

Ich wünsche dir
ein wundervolles
Weihnachtsfest
mit zahlreichen
schönen Augenblicken!

Danke
und Bonus

Ich Danke dir von Herzen für dein Interesse an diesem kleinen Buch.

Ich hoffe, du konntest eine Menge an Inspiration und Mehrwert für dich mitnehmen und hattest eine wundervolle Adventszeit. Ich freue mich, wenn ich dir die Achtsamkeit etwas näher bringen und dich von dem Wert einer liebevollen Selbstfürsorge überzeugen konnte. Wenn du gut für dich sorgst, kannst du dein inneres Licht und auch das anderer zum Strahlen bringen.

Im Buch habe ich an der ein oder anderen Stelle eine **Bonusseite zum Buch** erwähnt. Diese findest du hier: http://anjastoelzel.de/achtsam-im-advent-bonus/

Mehr Achtsamkeit mit täglicher liebevoller Selbstfürsorge

Möchtest du mehr für deine Gesundheit, deine Energie und deine Lebensfreude machen? Möchtest du mehr achtsame Momente in dein Leben holen?

Dann besuch mich doch gern auf meiner Website: www.anjastoelzel.de

Regelmäßige wertvolle Inspiration und Impulse zu Gesundheit und Lebensfreude bekommst du auf meinem Blog oder in meinen monatlichen Selfcareletter. Trage Dich gleich hier ein:

www.anjastoelzel.de/newsletter/

Mehr Achtsamkeit mit täglicher liebevoller Selbstfürsorge

Ich begleite dich auf deinem Weg zu liebevoller Selbstfürsorge und einer guten Selbstführung. Damit du dein Leben gesund und erfüllt genießen kannst.

Ich zeige dir, wie du...

- Selbstfürsorge zu einer positiven Gewohnheit machst,
- mit Kind, Business und wenig Zeit nicht an letzter Stelle deiner Prioritätenliste stehst,
- auch am Abend noch ausreichend Energie und starke Nerven hast

Du kannst mit mir im 1:1 arbeiten oder meine kleinen Selbstlernkurse nutzen. Ich freue mich, wenn ich dich ein Stück auf deiner Selbstfürsorge-Reise begleiten darf.

Deine Anja

Alles was zählt
ist der gegenwärteige
Augenblick.

Über die Autorin

Anja Stölzel ist Mama aus ganzem Herzen, leidenschaftliche Unternehmerin, vielseitig, kreativ und pragmatisch. Sie brennt für eine gesunde und bewusste Lebensweise, weil sie ihr immens viel Lebensfreude und Energie schenkt. Als Ergotherapeutin, Gesundheits- und Ayurveda-Lifestyle-Coach unterstützt sie dich dabei, dir, auf der Basis einer liebevollen Selbstfürsorge, ein gesundes und glückliches Leben zu erschaffen.

Über die Autorin

Auf ihrem Weg zu Gesundheit, Energie und Lebensfreude ist sie dem Ayurveda begegnet. Die alte indische Lebensphilosophie und Heilkunst hat es ihr angetan und ist aus ihrem Leben nicht mehr wegzudenken. Aber auch andere traditionelle Gesundheitssysteme, wie die traditionell chinesische Medizin (TCM), begleiten sie, genauso wie Shiatsu, Qi Gong und Aromatherapie.

Ihre Vision ist es, Frauen mit beruflicher und familiärer Verantwortung zu unterstützen, ihre Gesundheit und ihr Wohlbefinden in die eigenen Hände zu nehmen, gut für sich selbst zu sorgen und aus ihrer Gesundheit heraus zu agieren – sowohl im Beruf als auch in der Familie.

Printed in Great Britain
by Amazon